Le GRAND livre du carnaval des animaux

Textes illustrés par Anne-Cécile Boutard

Sommaire

1. Introduction (p.10)
2. Marche royale du lion (p.12)
3. Poules et coqs (p.14)
4. Hémiones (animaux véloces) (p.16)
5. Tortues (p.18)
6. L'éléphant (p.20)
7. Kangourous (p.22)
8. Aquarium (p.24)
9. Personnages à longues oreilles (p.26)
10. Le coucou au fond des bois – Volière (p.28)
11. Pianistes (p.30)
12. Fossiles (p.32)
13. Le cygne (p.34)
14. Final (p.36)

Introduction

Au jardin des Plantes, ainsi nommé d'ailleurs
À cause des animaux qu'on y a rassemblés
Au jardin des Plantes une étrange ardeur
Semble régner...

On décore, on festonne, on visse, on cloue, on plante
Le castor construit des tréteaux
La grue porte des fardeaux
Le python accroche des tableaux
Car ce soir au Jardin des Plantes
C'est la grand-fête éblouissante :
Le Carnaval des animaux !

Tout est prêt... la foule se masse
L'orchestre, à pas de loup, discrètement se place
L'éléphant prend sa trompe, le cerf son cor de chasse
Et voici que soudain monte dans le silence
Pour le plaisir de nos cinq sens
La musique du Maître Saint-Saëns...

Marche royale du lion

Soudain : « Vive le roi ! »
Et l'on voit la crinière en arrière
Entrer le Lion, très britannique, la mine altière...
Vêtu de soieries aux tons chatoyants
(soieries de Lyon évidemment).

Il est fort élégant...
Mais très timide aussi : à la moindre vétille
Il rugit... comme une jeune fille...

Peuple des animaux... écoute-le... tais-toi...
Laisse faire Saint-Saëns, la musique et ton roi...

Poules et coqs

Gens de cour et gens de plume
Voici les poules et les coqs.
Basse-cour et courtes plumes
Ils sont bien de notre époque...

Les uns crient « Cocorico ! »
Très haut
Les autres gloussent et caquettent
Très bêtes
Car tous ont une idée secrète
Une idée de derrière la crête :

Signer pour l'année entière
Un contrat phénoménal
Les poules aux Folies-Bergère
Les coqs chez Pathé-Journal.

Hémiones (animaux véloces)

Un hémione c'est un cheval
Des hémiones ce sont des chevaux.
L'hémione est un bel animal
Les hémiones de fiers animaux.
Il trotte comme un vrai cheval
Ils galopent comme de vrais chevaux
Il tombe sans se faire grand mal
Se relèvent sans dire de gros mots...

Et si l'hémione est un cheval
Si les hémiones sont des chevaux
Il a, comme tout animal
Ils ont, comme tous les animaux
Leur place dans notre carnaval
Comme dans tous les... carnavaux !

Tortues

Au carnaval, une fois l'an
Les tortues dansent le cancan
Et sous leurs montures d'écaille
Elles transpirent, elles travaillent,
Elles se hâtent avec lenteur...

Mais quand vous verrez, spectateurs,
Danser ce galop d'Offenbach,
Au rythme de Sébastien Bach,
Vous comprendrez qu'il ne faut point
Jouer avec son embonpoint
Et qu'il vaut mieux courir que de partir à point.

L'éléphant

Les éléphants sont des enfants
Qui font tout ce qu'on leur défend
Car pour l'éléphant, les défenses
Depuis le fin fond de l'enfance
Ça se confond avec les dents.

Tout légers malgré leurs dix tonnes
Comme des collégiens de Cambridge ou d'Eton,
Les éléphants sont des enfants
Et qui se trompent... énormément.

Kangourous

Athlète universel, comme en vain on en cherche,
Voici le kangourou, redoutable boxeur,
Recordman du saut en longueur
Et champion du saut à la perche...

Oui, quand de l'Australie tu quitteras la brousse,
Nos sportifs près de toi deviendront des fantoches
Kangourou, tu les mettras tous
Dans ta poche !

Aquarium

De la baleine à la sardine
Et du poisson rouge à l'anchois,
Dans le fond de l'eau chacun dîne
D'un plus petit que soi...
Oui, la coutume singulière
De cette lutte à mort dans les algues légères,
Fait frémir en surface notre âme hospitalière...
Mais au fond c'est la vie, quand on veut bien chercher,
Et que celui qui n'a jamais péché
Jette aux poissons la première pierre.

Personnages à longues oreilles

Las d'être une bête de somme
Dont on se moque à demi-mot,
Au Carnaval des Animaux
L'âne s'est mis... un bonnet d'homme !

Le coucou au fond des bois

Jouant à cache-cache
Avec on ne sait qui
Le coucou, vieil apache,
Vient de voler un nid.

Usurpant une place,
Détruisant un bonheur,
C'est le coucou vorace
Dont les maris ont peur.

Et chacun soupire à part soi :
« Que le son du coucou est triste, au fond des bois. »

Volière

Étourneaux, martinets, merles et rossignols
Serins et canaris, alouettes et arondes
Volez, gentils oiseaux, chantez... personne au monde
Ne vous condamnera pour chantage ou pour vol...

Pianistes

Quel drôle d'animal !
On dirait un artiste
Mais dans les récitals
On l'appelle : pianiste.

Ce mammifère concertivore digitigrade
Vit le plus souvent en haut d'une estrade.
Il a des yeux de lynx et une queue de pie,
Il se nourrit de gamme, et ce qui est bien pis
Dans les vieux salons il se reproduit
Mieux que les souris.
Près de son clavier il vit en soliste
Cependant sa chair est peu apréciée...
Amateurs de gibier, chasseurs... sachez chasser,
Ne tirez pas sur le pianiste !

Fossiles

Sortis spécialement de leur Muséum
Messieurs les fossiles
Les iguanodons, les mégathériums,
Les ptérodactyles...
Ichtyosaures, dinosaures,
Brontosaures, nabuchodonosors
Et autres trésors des temps révolus
Sont venus simplement pour prendre l'air,
(l'air quaternaire bien entendu)
Et sous les candélabres
Ces corps qui se délabrent
Éparpillant leurs vertèbres dans tous les sens
Les fossiles ont tourné sur la Danse macabre
... de Saint-Saëns

Le cygne

Comme un point d'interrogation
Tout blanc sur le fond de l'eau verte
Le cygne, c'est la porte ouverte
À toutes les suppositions...

Est-il pathétique, ce cygne ?
Est-il un amant malheureux ?
Est-il romantique, mais digne
Ou simplement crétin glorieux ?

C'est un mystère qui persiste
Et le cygne, aux accents de son air fataliste
S'éloigne lentement sur l'eau...
Pour lui, c'est un moment bien triste
Lorsqu'on va jouer ce morceau...
... Mais c'est un bel instant pour le violoncelliste
Car il va faire son solo...

Final

Et maintenant, ça y est, la fête se déchaîne
Les animaux oublient les grilles et les chaînes...
On danse, on fraternise : le loup avec l'agneau
Le renard avec le corbeau
Le tigre avec le chevreau
Et le pou avec l'araignée
Et le manche avec la cognée.
Comme c'est joyeux, comme c'est beau
Le Carnaval des Animaux !

Attendez ! attendez ! Quand la nuit se fera plus claire
Quand la musique aura décidé de se taire
Les bêtes feront la queue au bestiaire
Et la vie reprendra...

À nouveau on se craindra
Le chien et le chat
Le lion et le rat
Et cætera...
Ne riez pas !
Les bêtes ne sont pas les plus bêtes en somme
Et si vous en doutez un brin,
Rendez-vous dimanche prochain
Au Carnaval des Hommes !

Crédits :

Direction artistique : Rémi Guichard
Suivi éditorial : Coralline Pottiez
Illustrations et mise en page : Anne-Cécile Boutard

Musique composée par Camille Saint-Saëns

Texte de Francis Blanche
© Editions Durand / Kos & Co

Narrateur : Rémi

Dans la même collection :

Formulette
éditeur JEUNESSE

ISBN : 978-2-36256-062-0
Dépôt légal : octobre 2012
Imprimé dans l'union européenne par l'intermédiaire de www.alphabook.fr